Inhaltsverzeichnis

Einleitung

Ein paar Worte vorab

Wenn man im frühkindlichen Alter von Falten spricht, meint das keinesfalls komplizierte Origami-Kunstwerke. Es geht eher um grundlegende Falttechniken, wie z. B. mittiges Falten, die auch im späteren Leben immer wieder Verwendung finden. Das Falten ist eine traditionelle **Technik**, die motorisch geschickte Hände fördert und Anlass für Spiel, Experimentieren und Erfindergeist ist.
Einige denken, dass genaues Falten keine kreative, sondern nur rezeptive Tätigkeit ist. Doch das stimmt nicht. Im Falten steckt so viel mehr als gemeinhin gedacht: Falten trainiert das **logische Denken**, es schult daneben auch **Geschicklichkeit** und **Konzentrationsfähigkeit**. Neben der Feinmotorik werden zusätzlich auch noch das genaue Betrachten und das **räumliche Denken** gefördert. Das Befolgen von Schritt-für-Schritt-Anleitungen ist auch ein nicht zu vernachlässigender Aspekt des Faltens. Vorteil des Faltens: Es macht sofort sichtbar, wenn ungenau gearbeitet wurde, und schult somit die **Exaktheit**, ganz ohne „erhobenen Zeigefinger" der Erzieherin[1]. Weil ein Kind in der Regel Faltabläufe nicht selbstständig begreift, ist die Begleitung von Erwachsenen vonnöten. Das Erklären und Sich-Zeit-Nehmen stärkt damit zusätzlich zu allen bereits genannten Bereichen auch den sozialen.
Einige Kinder sammeln bereits erste **Erfahrungen** mit dem Thema „Falten" im Elternhaus. Andere sind damit so wenig vertraut, dass sie dem Falten erst in der Kita begegnen. Wenn Sie also Kinder mit sehr **unterschiedlichen Vorerfahrungen** und auch vielfältigen sensomotorischen und anderen entwicklungsbedingten Voraussetzungen in der Gruppe haben, wie sollen Sie sie richtig fördern? Wie können Erzieherinnen und später Lehrerinnen Frustration vermeiden, die ganz zwangsläufig entsteht, wenn Kinder mit einer Aufgabe überfordert sind? Eine Antwort liegt in den folgenden knapp 50 Seiten. Darin enthalten sind:

- Übungen zur **taktilen Wahrnehmung**, bei denen das Kind Gegenstände durch Berühren der Oberfläche und das Ausüben von Druck wahrnimmt und auch unterschiedliche Beschaffenheiten (Haptik) von Materialien erspürt.
- Übungen zur Schulung der **visuellen Wahrnehmung und der Auge-Hand-Koordination**, bei denen das Kind Gegenstände fixiert und Handbewegungen folgt. Auch die **Hand-Hand-Koordination** wird beim Falten geschult.
- Übungen zur **Handlungsplanung**, bei der die Kinder selbst Ideen entwickeln, dazugehörige Bewegungen planen und ggf. in der Gruppe umsetzen.

Es wird beschrieben, wie Sie als Fachperson den Lernprozess jedes Kindes unterstützen können – schrittweise in acht kleinen Lerneinheiten. In diesem Buch sehen Sie, wie Sie Unterstützungsangebote kreieren können, die Kinder zum lustvollen und kindgerechten Erproben ermuntern und sie dabei sinnvoll begleiten. Dabei spielen Aspekte, wie **Selbstständigkeit, soziale Kontakte, Erfolgserlebnisse, abwechslungsreiche Gestaltung der Aufgaben** neben dem **Wiederholen** (u. a. in Form von Ritualen) eine wichtige Rolle.
Es ist kein Hexenwerk! Die allem zugrunde liegende „Wunderformel" ist die **Motivation** der Kinder. Ein besonderes Merkmal für die Motivation ist in diesem Buch die **spannende Zwergen-Rahmengeschichte**, in die der Mini-Kurs eingebettet ist. Dadurch wird er strukturiert und eine Identifikation mit dem Thema findet statt. Wer motiviert Aufgaben angeht, die er selbst für bewältigbar hält, kann gute Ergebnisse erzielen. Und genau solche Aufgaben, die sensorisch, entwicklungsbedingt stimmig und motorisch machbar sind, sind in diesem Buch beschrieben.
Nach Anleitung falten und trotzdem **kreativ werden** ist das Ziel des Buches. Die Kinder sollen in kleinen Schritten Einsicht gewinnen in die wichtige Funktion des Faltens, aber auch merken, welche schönen Ergebnisse sie mit einfachsten Mitteln erzielen können.

[1] Aus Gründen der besseren Lesbarkeit haben wir in diesem Buch durchgehend die weibliche Form verwendet. Natürlich sind damit auch immer Männer gemeint, also Erzieher, Pädagogen und Fachanleiter etc.

Mini-Kurs für Kita-Kinder:

Falten

8 fertige Lernabenteuer mit den geschickten Zwergen

Susanne Vogt

Verlag an der Ruhr

Impressum

Titel
Mini-Kurs für Kita-Kinder: Falten
8 fertige Lernabenteuer mit den geschickten Zwergen

Autorin
Susanne Vogt

Umschlag
Foto Titelbild: © Irina Schmidt – Fotolia.com, Zwerge: © sudowoodo – Fotolia.com
Papierflieger: © Verlag an der Ruhr, Collage: Verlag an der Ruhr
Fotos Rückseite: © Susanne Vogt

Fotos im Innenteil
soweit nicht anders angegeben: © Susanne Vogt

Illustrationen im Innenteil
soweit nicht anders angegeben: Eva Spanjardt
Rahmenelement farbige Zwerge: © sudowoodo – Fotolia.com
Rahmenelement Papierflieger: © Verlag an der Ruhr

Druck
Heenemann GmbH & Co. KG, Berlin, DE

Verlag an der Ruhr
Mülheim an der Ruhr
www.verlagruhr.de

Geeignet für Kinder von 3–6 Jahren

ISBN 978-3-8346-4201-1

Nun wünsche ich Ihnen und den kleinen Zwergen viel Spaß in den kommenden Wochen und kreative eigene Ideen, mit denen Sie meine weiterführen können.

Susanne Vogt

Hintergrundwissen und Tipps zum Falten

Fingerfertigkeit

Die Fingerfertigkeit ist eine wichtige Voraussetzung für das Falten. Eine agile Fingerfertigkeit ist wichtig für die Auge-Hand-Koordination und essenziell für die weitere Feinmotorik. Die Fingerfertigkeit sollte lustvoll trainiert werden. Dies geschieht vor allem dann, wenn Kinder motiviert ans Werk gehen und nicht durch zu enge Vorgaben in ihrem Tun eingeschränkt werden. Es passiert immer dann, wenn jedes Kind ein Ergebnis erzielen kann, mit dem es zufrieden ist, das sein Tun ihm als sinnvoll erscheinen lässt. Und es geschieht, wenn die Kinder Lust bekommen, Dinge selbst auszuprobieren, zu tüfteln und zu forschen. Fingerfertigkeit wird auch trainiert durch Fingerspiele.

Halte- und Faltfinger

Um den Halte- und den Faltfinger (rechter und linker Zeigefinger) richtig zu benutzen, kann es den Kindern helfen, wenn Sie beiden einen zwergenartig klingenden Namen geben, z. B. Wurzel (Haltefinger, träge) und Purzel (Faltfinger, aktiv). Anfangs könnten Sie beide mit kleinen Fingerpuppen vorstellen und auf diese Weise die Namen einführen. Die Puppen können Sie entweder aus Pappmaschee herstellen, zwei Plastik-Fingerhüte passend gestalten oder ein Hütchen falten, auf den Finger setzen und ihm ein Gesicht malen. Eine Anleitung zum Falten des Hütchens finden Sie auf S. 17.

Einleitung

Der Haltefinger Wurzel ist derjenige, der das Papier in die richtige Position bringt und hält. Purzel rutscht vorsichtig über das Blatt, übt etwas mehr Druck an der Faltkante aus und sorgt für den Falz. Diese Namen und auch die Fingerpuppen tauchen jedoch während des Projektes nicht mehr aktiv auf. Sie dienen nur während der Vorübungen der besseren Verständlichkeit der Aufträge. Lohnenswert kann es aber sein, wenn Sie den Kindern besonders am Anfang des Projektes kleine Gesichter auf ihre Zeigefinger malen. Das dient der besseren Identifizierung mit dem Thema und der Personalisierung der verschiedenen Finger und ihrer Funktionen. Es funktioniert bei Rechts- und Linkshändern gleich, einfach seitenverkehrt.

Zentrumsfalten

Hier bietet es sich an, dass Sie ein bestimmtes Bild im Kopf der Kinder verankern. Wird z. B. bei einem quadratischen, bereits in vier gleiche Quadrate eingeteilten Blatt zum Zentrum gefaltet, könnten Sie das Bild vom Zwergenpolizisten auf einer Kreuzung verwenden. Zeichnen Sie dazu einen kleinen, blauen Punkt in die Mitte des Quadrates, das den Polizisten in der Draufsicht versinnbildlicht. Der Polizist winkt zuerst das Fahrrad von einer Seite zu sich (Ecke wird zum markierten Polizisten-Punkt gefaltet), dann das nächste Fahrrad usw. Wenn das Blatt (wie bei der Himmel-und-Hölle-Faltung) dann umgedreht und wieder gefaltet wird, könnten Sie das Zentrum wieder mit einem blauen Punkt markieren und dann statt der Fahrräder einfach ein schwereres Fahrzeug, z. B. einen Lastwagen, fahren lassen. Das bietet sich an, weil ja ein bereits doppelt gefaltetes Blatt schwerer zu falten ist als ein einlagiges.

Einsatz von Falthilfen

Bei vielen Faltübungen, vor allem beim Halbieren einer Form, ist genaues Falten wichtig. Das gelingt aber nicht allen Kindern sofort. Aus diesem Grund bietet sich der Einsatz von Falthilfen an. Das sind z. B. Teile aus Karton, die Sie vorab in der gewünschten Form zuschneiden. Das Kind legt diese Falthilfe an sein Blatt an und reibt es über die spätere Faltkante. Dadurch gibt der Karton eine Linie vor, die dem Kind das Falten extrem erleichtert.

Ablauf des Mini-Projektes

Die Lerneinheiten sind stets nach folgendem Schema aufgebaut:

- Gemeinsame Aktivität als Einstieg
- Vorübung
- Gemeinsames Betrachten (mit Reflexion)
- Übung
- Schlussrunde (mit Reflexion)

Jede Einheit dauert ca. 40 Minuten. Die benötigte Zeit kann variieren. Denn es hängt davon ab, wie aufmerksam die Kinder sind. Das kann je nach Tagesform oder Interessenlage verschieden sein. Wichtig ist, dass immer dieselbe Person die Einheiten durchführt. Das sorgt für Kontinuität und Ritualcharakter. Falls nötig, könnte eine zweite Leitung als Assistenz auftreten. Denn dann können Kinder mit Förderbedarf optimal begleitet werden.

Wiederkehrende Elemente

Zwergenhöhle

Kinder bauen gern Höhlen und spielen darin. Helfen Sie ihnen doch, eine Zwergenhöhle zu bauen. Benutzen Sie dafür Paketband in Naturtönen, Kieselsteine, Dekopilze aus Holz und evtl. etwas Moos.
Diese Höhle kann ein Ort für das themenbezogene Freispiel sein. Sie verleiht dem Raum aber auch eine zwergenartige Atmosphäre und erleichtert den Kindern den Einstieg in die gelenkten Übungen. Sie bleibt während der gesamten Projektdauer stehen. Wenn Sie auch Teile von Übungen dort stattfinden lassen möchten, sollten Sie sichergehen, dass in der Höhle ausreichend Platz dafür ist.

Magische Laterne

Die Laterne (Dekolaterne mit [LED-]Kerze) ist der Mittelpunkt des Sitzkreises, in dem sich die Gruppe bei den Sammlungen trifft. Wenn das Licht ausgeknipst wird und nur der Schein der Laterne leuchtet, entsteht eine magische Atmosphäre, der sich keiner der kleinen Zwerge entziehen kann. Sie wird für jede Einheit verwendet, aber nicht immer explizit erwähnt.

Zwergenmütze

Die kleinen Zipfelmützen sind (neben dem Bart) das Erkennungsmerkmal eines jeden Zwerges. Sie können diese ganz einfach aus etwas Filz anfertigen, indem Sie zwei gleiche Dreiecke aneinandertackern oder nähen. Alternativ stellen Sie aus etwas Tonkarton eine Tüte her, tackern diese in die gewünschte Form und lassen die Kinder ihren Hut mit Stoffresten, Moos, Glimmergirlanden oder anderen Dingen bekleben. Achten Sie beim Tackern darauf, dass sich niemand verletzt, und kleben Sie Tackernadeln ggf. mit etwas Gewebeklebeband ab.

Einleitung

Die Kinder tragen diese Mützen zu jeder Einheit und tauchen dadurch sofort ins Thema ein. Zusätzlich zur Mütze oder auch alternativ könnte ein Rauschebart eingesetzt werden oder, falls dieser störend ist, einfach ein Halstuch.

Zwergenname

Für die Faltübungen darf sich jedes Kind einen Zwergennamen geben. Es wählt diesen selbst.
Als Sinnbild dieses Namens (und Erleichterung für Sie als Erzieherin) darf das Kind ein Symbol malen, das Sie jedem Zwerg an den Hut machen (mit Klebeband oder Sicherheitsnadel befestigen) können. Diese Kopfbedeckung wird vor jeder Einheit angelegt.

Verkleidung

Die Kinder können von daheim auch Zwergenverkleidungen mitbringen. Noch schöner ist es allerdings, wenn diese selbst gemacht ist. Das ist ganz einfach: Ein quadratisches Stück Kunstleder oder Stoff wird diagonal gefaltet, sodass ein Dreieck sichtbar ist. In dieses Dreieck schneiden Sie an der Faltkante einen Ausschnitt für den Kopf. Auf diese Weise entsteht eine Art Poncho. Wenn die Kinder möchten, malen sie das Sinnbild des Zwerges mit Acrylfarbe darauf. Ganz einfach zu besorgende Zwergen-Accessoires sind des Weiteren eine Schürze, karierte Hemden, kleine Eimer, kleine Schaufeln oder andere Gartengeräte und Bärte.

Pinselzwerg

Ein kleiner Zwerg, der aus einem breiten Malerpinsel gebastelt wird, leitet die Kinder als Identifikationsfigur durch den Mini-Kurs. Kleben Sie dazu einfach auf den breiten Teil über den Pinselhaaren ein paar Wackelaugen, eine Perle als Nase und eine Feder als Haare auf.
Statt des Pinselzwerges können Sie beispielsweise auch einen Gartenzwerg verwenden.

Zwergenlied

Das Zwergenlied (S. 11) könnte immer nach dem Entsenderuf *„Zwerge, geht in die Berge!"* zum Einsatz kommen, wenn die Zwerge von der magischen Laterne weg zu ihrem Arbeitsplatz marschieren. Es greift das Motiv Berge auf, sorgt für Rhythmisierung und ist motivierend.

Rituale

Zwergenlautstärke
Von zentraler Bedeutung sind eine langsame Fortbewegung und auch das leise Sprechen während und zwischen den Übungen. Es garantiert eine angemessene Arbeitslautstärke. Achten Sie also immer darauf, dass die kleinen Zwerge auch sehr „kleine Stimmen" (so sagen Kinder es oft) haben.

Zwergenmusik und gemeinsames Marschieren um die magische Laterne
Statt des Zwergenliedes (S. 11) kann auch ein gemeinsamer Tanz eingesetzt werden. Wählen Sie ein lustig beschwingt klingendes Musikstück aus. Immer wenn dieses erklingt, dürfen die kleinen Zwerge sich in frei gewählten Bewegungen um die Laterne bewegen.

Akustisches Signal zum Zurückholen
Wählen Sie ein mystisch klingendes akustisches Signal aus, z. B. das Anschlagen einer Klangschale. Erklingt dieses, unterbrechen die Kinder ihre Aktivität und kommen zum Versammlungsort um die Laterne. Dieses akustische Signal wird im Folgenden als Zurückholsignal verwendet. Bei den einzelnen Lerneinheiten ist die Klangschale nicht immer ausdrücklich erwähnt, weil sie zum rituellen Aufbau zählt.

Entsenden der kleinen Zwerge
Auch zu Beginn einer jeden Arbeitsphase gibt es ein kleines Ritual. Nachdem Sie eine Aufgabe erklärt haben, sagen Sie immer *„Zwerge, geht in die Berge!"*

Fingerspiele
Fingerspiele sind gerade in den ersten Jahren besonders wichtig. Sie stellen eine lustvolle Version der Finger-Lockerung dar, die besonders nach anstrengenden Einheiten vonnöten ist. Da die Kinder gern rhythmisch sprechen, schulen Fingerspiele nicht nur die Finger, sondern leisten auch einen Beitrag zur Sprachbildung. In den einzelnen Einheiten ist nicht explizit erwähnt, dass ein Fingerspiel eingesetzt werden soll. Sie können frei entscheiden, wann Sie es durchführen wollen. Manchmal herrscht während einer Arbeitsphase Unruhe. Da bietet sich ein Fingerspiel an, um wieder für Ruhe zu sorgen. Ein zum Thema passendes Fingerspiel finden Sie auf S. 13.

Fliegenpilz und Zwergengold
Geben Sie jedem Kind in der ersten Lerneinheit einen Fliegenpilz (Kopiervorlage S. 10). Nach jeder erfolgreich absolvierten Lerneinheit erhalten die Kinder einen weißen Klebepunkt, den sie auf ihren Fliegenpilz kleben. Hat jedes Kind zum Schluss alle acht Punkte gesammelt, bekommt es einen Klumpen Zwergengold. Diesen darf der kleine Zwerg dann in der Höhle mit einem Gummihammer aufklopfen und den Inhalt als Geschenk und Andenken mit nach Hause nehmen.
Das Zwergengold können Sie ganz einfach herstellen: Besorgen Sie für jedes Kind einen Halbedelstein (z. B. im Bastelladen erhältlich). Nehmen Sie etwas Ton in der Größe einer Kinderfaust. Drücken Sie den Halbedelstein in den Ton und ummanteln Sie ihn damit. Lassen Sie den Ton lufttrocknen. Lackieren Sie ihn anschließend mit Goldlack. Wenn die Kinder dieses Zwergengold mit dem Gummihammer bearbeiten, kommt ganz einfach der Halbedelstein zum Vorschein, was für den gewissen Wow-Effekt sorgt.

Kopiervorlage

Fliegenpilz

Zwergenlied

Am Morgen zum Bergwerk

Melodie: trad. „Im Frühtau zu Berge“
Text: Susanne Vogt

2. Wir Zwerge sind fleißig im Berg, fallera,
so gehn wir jeden Tag ganz neu ans Werk, fallera.
Wir schmieden Edelsteine,
ganz große und auch kleine,
kommt mit und probiert es doch selbst einmal.

ISBN 978-3-8346-4201-1

Einleitung

Faltmaterial

Faltpapier

Faltpapier ist Papier mit 70 oder 80 g/m², also eher dünnes Papier. Es ist erhältlich in beidseitig einfarbig bedruckter Form oder auf einer Seite gemustert, auf der anderen einfarbig. Faltpapier kann man oft schon quadratisch oder rund kaufen.

Falzbein

Der Name „Falzbein" kommt daher, dass diese Falthilfe ursprünglich aus Knochen bestand. Inzwischen wird sie aus Kunststoff hergestellt. Es handelt sich um ein handliches Gerät, das man zum Glattstreichen von Falzen verwendet. Ein Falzbein ist nicht für alle Kinder nötig. Für Kinder mit kürzeren Fingernägeln, empfindlichen Fingern oder solche, die zu viel Druck beim Falten ausüben, ist es jedoch empfehlenswert.

Weitere Faltmaterialien

Statt nur Papier kann man auch andere Materialien falten, z. B. Servietten, Zeitungspapier, Geldscheine, Tortenspitzen und auch Tonpapier. Schön ist es, wenn die Kinder im Laufe des Kurses (z. B. in Form einer Lerntheke) Erfahrungen mit verschiedenen Materialien sammeln können. Damit die Kinder damit möglichst selbstständig arbeiten können, bietet es sich an, die Faltschritte in Form eines Posters zu zeigen. Die Kinder betrachten dann das Poster (s. a. S. 46) und benutzen die einzelnen Faltschritte als Anleitung. Diese Form schult nicht nur die Selbständigkeit, sondern auch die Vorstellungskraft der Kinder.

Vorbereitende Übungen

Als Vorübungen eignen sich spielerische Übungen, die das Falten langsam anbahnen. Solche Vorübungen sind z. B.:

Tücher und Kleider falten

Um spielerisch Einsicht in die Notwendigkeit des Faltens zu erlangen, dürfen die kleinen Zwerge Ordnung in ihrer Höhle machen. Sie legen Hand- und Geschirrtücher zusammen. Zuerst überlegen sie selbst, wie sie das schaffen könnten. Helfen Sie den kleinen Zwergen, indem Sie die Vorgehensweise erklären. Bieten Sie evtl. schon hier eine einfache Falthilfe (Karton) an. Später steigert sich der Schwierigkeitsgrad, wenn Kleider hinzukommen, die keine quadratische oder rechteckige Grundform haben. Auf diese Weise gehen die Kinder spielerisch auf Entdeckungstour und sammeln spannende Erfahrungen mit Geometrie.

Kneten von Zwergen zur Handlockerung

Um die kleinen Kinderhände auf das bevorstehende Falten vorzubereiten, sollte man sie lockern. Dies kann z. B. geschehen, indem man den Kindern Knete aushändigt, aus der sie selbst kleine Zwerge formen dürfen. Rollen können die Kinder die Knete zwischen beiden Handflächen oder mit ihrer Lieblingshand auf der Tischfläche. Noch schwieriger wird es, wenn die Kinder mit einzelnen Fingern versuchen, kleine Kugeln zu formen.

Suchen von Faltungen in der Umwelt

Sehr spannend ist es für Kinder, Faltungen in der Umwelt zu suchen. Bei Zeitungen, Büchern, Plissee-Rollos, Kartonverpackungen etc. können die Mädchen und Jungen Faltungen finden. Das Suchen schult nicht nur die Beobachtungsfähigkeit, sondern zeigt den Kindern auch die Notwendigkeit des Faltens im Alltag auf.

Bild mit Zwergenhaus

Toll ist es auch, wenn gefaltete Gegenstände später irgendwo gesammelt werden. Zum Sammeln kleiner Faltsachen bietet sich ein Zwergenhaus an. Dieses wird durch ein Kuvert versinnbildlicht, das aufgeklappt einem Haus ähnelt. Wenn die Kinder den Hintergrund dafür zeichnen und ihn durch gestanzte Gegenstände oder Aufkleber ergänzen, wird daraus ihr ganz persönliches Zwergenbild mit „Schatzdepot". Denn bei jeder einzelnen Lerneinheit sind weiterführende Ideen zu finden. Viele davon ergeben ein kleines Einzelergebnis (z. B. Faltschrank, Tannenbaum etc.) und aus all diesen kleinen Einzelfaltsachen könnten die Kinder als Abschluss ein Gesamtbild gestalten.

Fingerspiel „Zwergenhaus"

Dieses Fingerspiel können Sie immer dann anwenden, wenn die Kinder zu ermüden scheinen:

In unserm kleinen Zwergenhäuschen	*Hände über dem Kopf zu einem Dach formen*
gibt es schrecklich viele Mäuschen.	*mit dem Finger drohend „winken"*
Sie zippeln und zappeln.	*Finger an beiden Händen zappeln lassen, Hände in die Luft heben*
Sie rippeln und rappeln.	*Finger beider Hände zappeln weiter, Hände fahren parallel zueinander nach rechts und links über Oberschenkel oder Tischplatte*
Sie springen auf Tische und Stühle	*Hände formen Stuhl (eine Hand senkrecht, Finger der anderen Hand mittig auf der senkrechten platzieren und Handfläche nach unten abwinkeln) und Tisch (wie „Time-out")*
und tanzen in Küche und Spüle.	*Hände formen Bank (Finger beider Hände sind rechtwinklig zur Handfläche und berühren einander) und Spüle (Mulde)*
Nun wollen die Zwerge sie schnappen,	*packen mit den beiden Händen andeuten*
wird diese Mäusejagd klappen?	*Zeigefinger hin- und herbewegen*
Sie verstecken sich im Eck	*Hände formen Winkel*
und, schwups, sind alle Mäuschen weg.	*Hände verschwinden hinter dem Rücken*

1. Lerneinheit

Gerade Faltung

Ziele

Die Kinder lernen in dieser Lerneinheit, wie sie mit den beiden Identifikationsfiguren Wurzel und Purzel richtig falten können. Sie legen damit den Grundstein für die folgenden Einheiten.

Ablauf

Material

- ✔ Fühlsäckchen mit wahlweise 1 Mini-Zwerg, 1 Mini-Gartenschaufel, 1 Kieselstein, etwas Moos o. Ä.
- ✔ Kopiervorlage „Wandern zum Bergwerk" (S. 18)
- ✔ 1 Muggelstein pro Kind
- ✔ 2 kleine Hütchen aus Papier (Faltanleitung S. 17)
- ✔ schwarzer Filzstift
- ✔ farbiges Kopierpapier
- ✔ Kopiervorlage „Fliegenpilz" (S. 10)
- ✔ Klebepunkte für die Pilze

Vorbereitung

Bereiten Sie ein Fühlsäckchen (Säckchen mit leicht fühlbarem Gegenstand) vor. Nutzen Sie dazu entweder die vorgeschlagenen Dinge aus der Materialliste oder kreieren Sie Ihre eigenen Fühlsäckchen mit Gegenständen Ihrer Wahl.
Falten Sie für jeden Zeigefinger ein kleines Hütchen aus Papier. Setzen Sie die Hütchen auf die Zeigefinger und malen Sie auf jeden Finger ein Gesicht.

Schneiden Sie aus buntem Kopierpapier folgende Grundformen in mehrfacher Ausführung aus: Kreis, Quadrat, Rechteck, Dreieck und Herz. Diese benötigen Sie zum Zeigen. Die Größe der Formen können Sie bestimmen.
Besorgen Sie für jedes Kind einen Muggelstein.
Kopieren Sie die Kopiervorlagen „Fliegenpilz" und „Wandern zum Bergwerk" in Anzahl der Kinder.

Einstieg

Damit die Kinder sich als kleine Zwerge fühlen, legen sie die Zwergenmützen an. Diese tragen sie dann während der gesamten Lerneinheit. Wenn Sie die Zwergenmützen noch nicht im Vorhinein gebastelt haben, können Sie es an dieser Stelle tun (Anleitung S. 7 f.).
Die kleinen Zwerge sammeln sich um die Laterne. Als Einstieg reichen Sie ein Fühlsäckchen herum, in dem einer der Gegenstände liegt. Die Kinder erfühlen, worum es sich handelt. Wiederholen Sie dies ein paar Mal. Auf diese Weise schulen Sie die Sensibilität der Finger, die essenziell für die Fortsetzung ist.
Nach diesem Einstieg marschieren die kleinen Zwerge gemeinsam zur Zwergenmusik im Kreis um die Laterne.

Vorübung

Nach Musikstopp sagt der Pinselzwerg zu den Kindern:

„Meine lieben Zwerge, ich schicke euch heute zur Arbeit ins Bergwerk. Jeder von euch soll von dort einen Edelstein mitbringen. Achtet genau auf den Weg und verlasst ihn auf gar keinen Fall. Geht langsam und kommt wieder zurück zu mir, wenn ihr den Weg einmal gelaufen seid. Vergesst den Edelstein nicht! Zwerge, geht in die Berge!"

Verteilen Sie die Kopiervorlage „Wandern zum Bergwerk". Die Kinder fahren nun mit dem bloßen Finger über die Wege der Kopiervorlage bis zum Bergwerk. Von dort an setzen sie den Zeigefinger auf den Muggelstein und schieben diesen auf dem Rückweg. Sie wiederholen diesen Vorgang – jedes Mal mit ein wenig mehr Druck auf den Stein. (Beim Falten verschiedener Materialien ist auch unterschiedliche Druckstärke nötig.) Das Erklingen der Klangschale beendet die Vorübung. Die Kinder sammeln sich.

Gemeinsames Betrachten
Gemeinsam überlegen die Kinder, wie ihnen der Marsch gelungen ist. Sie tauschen sich darüber aus, was der unterschiedliche Druck bewirkt. Sie berichten einander. Wieder ertönt die Zwergenmusik und die Zwerge bewegen sich um die Laterne.

Übung
Nach Musikstopp erzählt der Pinselzwerg von der ersten Aufgabe:

„Liebe Zwerge, ich bin froh, dass ihr euch meistens gut versteht. Aber zwei Zwerge hatten heute auf ihrem Weg Streit: Wurzel und Purzel. Immer sind sie sich in die Quere gekommen, einander über die Füße gestolpert und haben deshalb fürchterlich gestritten. Könnt ihr ihnen bitte zeigen, wie sie sich richtig verhalten sollen?"

Legen Sie Ihren Zeigefingern die Fingerhütchen an und erklären Sie den Kindern, wie Wurzel und Purzel gut zusammenarbeiten können: Wurzel hält das Papier in der richtigen Position, Purzel purzelt erst etwas und streift dann fest über die Faltkante. Zeigen Sie den Kindern jetzt die vorbereiteten Formen. Wiederholen Sie, wie diese heißen: Kreis, Quadrat, Rechteck, Dreieck, Herz (bei Quadrat und Rechteck lassen Sie bitte auch Viereck gelten). Überlegen Sie gemeinsam, wie Wurzel und Purzel diese Formen halbieren könnten. Mithilfe von Wurzel und Purzel versuchen die Kinder jetzt jedes für sich, die Formen, so genau wie möglich, mittig zu falten. Die Klangschale sammelt die Kinder zur Schlussrunde.

Gemeinsame Schlussrunde
Die entstandenen Ergebnisse werden gewürdigt, eventuelle Probleme besprochen.
Jedes Kind erhält nun die Kopiervorlage „Fliegenpilz" und einen Klebepunkt, den es auf den Fliegenpilz kleben darf. Danach können die Kinder das Bild ausmalen, wenn sie möchten.
Nach jeder erfolgreich absolvierten Lerneinheit bekommen die Kinder einen weiteren Klebepunkt, sodass sie nach der letzten Einheit idealerweise acht Klebepunkte auf ihrem Pilz haben.

Weiterführende Ideen

- **Spiel „Rennzwerge":** Die Kinder falten ein rechteckiges Blatt, hier 14 x 6 cm, genau mittig. Auf die Vorderseite zeichnen sie einen Zwerg und schneiden den Umriss des Zwerges nur auf der vorderen Seite bis oben zum Falz aus. Anschließend schneiden die Kinder ein Dreieck aus und kleben es als Mütze auf der Rückseite an. Alle Zwerge stellen die Kinder dann auf eine glatte Oberfläche, z. B. eine Tischplatte. Auf das Startzeichen hin beginnt das Zwergenrennen. Die Kinder pusten ihren Zwerg vorwärts. Der Zwerg, der als Erstes am anderen Ende der Tischplatte angekommen ist, hat gewonnen.

- **Zwergenpost:** Einsicht in die praktische Verwendung dieser erlernten Faltung liefert das einfache Post-Spiel. Die Kinder erhalten dafür handelsübliche Briefumschläge und passendes Papier. Sie dürfen nach Herzenslust Bilder malen, diese falten und dann „verschicken". Die „Post" könnte in der Zwergenhöhle aufgebaut sein und ins Freispiel integriert werden.

➤ **Zwergenbuch:** Aus einem rechteckigen Tonpapier falten die Kinder ein Buch und verzieren dessen Einband mit Gold- und Silberstiften und Wachsmalkreiden.

➤ **Zwergenhaus:** Die Kinder falten ein rechteckiges Blatt und schneiden es zu einem Haus. Dieses gestalten sie mit gestanzten Details, Kreppkugeln oder ausgeschnittenen Zeitschriftenbildern aus.

➤ **Zwergenversteck:** Die Kinder falten ein viereckiges Blatt als Karte und verstecken im Inneren kleine, gemalte und ausgeschnittene Zwerge.

➤ **Zwergengesicht:** Aus unterschiedlich großen, in der Mitte gefalteten Kreisen gestalten die Kinder ein Zwergengesicht, das sogar einen 3-D-Effekt hat. Es kann um einen Bart erweitert werden, der ebenfalls aus gefalteten Kreisen besteht.

Faltanleitung Hütchen

DIN-A8-Blatt (ca. 5 x 7,5 cm) in der Mitte falten

nochmal in der Mitte falten

Faltung wieder aufklappen, sodass der Falz oben liegt

die oberen Ecken nach unten zum Mittelfalz hin falten

die beiden offenen Seiten jeweils nach oben falten

wieder zurück zur unteren Kante falten

das Gleiche auch auf der anderen Seite machen

überstehende Ecken nach hinten falten, damit sie am Dreieck anliegen

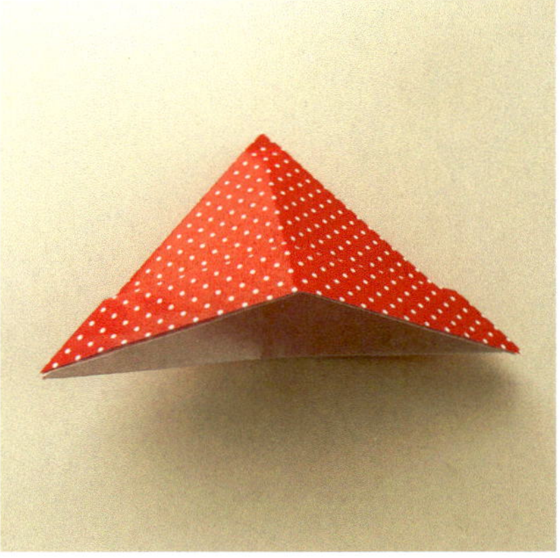

etwas öffnen, damit man das Hütchen auf den Zeigefinger setzen kann

Wandern zum Bergwerk

Sich kreuzende Falzen

Ziele

Bei dieser Lerneinheit stehen Falzen im Mittelpunkt, die ein Kreuz bilden. Frei nach dem Motto „Der Weg ist das Ziel" dürfen die Kinder ihren Weg selbst entdecken.

Ablauf

Material

- ✔ mehrere Blätter quadratisches Faltpapier (ca. 20 x 20 cm) pro Kind
- ✔ rotes Papier
- ✔ 4 quadratische, farbige Tonpapierstücke (ca. 20 x 20 cm) pro Kind
- ✔ farbloser Klebestreifen
- ✔ evtl. Buntstifte
- ✔ 16 Klebe- oder Dekosteinchen pro Kind
- ✔ Klebepunkte für die Pilze

Vorbereitung

Falten Sie für die Vorübung ein Beispiel. An den gestrichelten Linien liegen die Falzen.

Schneiden Sie für die Übung pro Kind vier quadratische Tonpapierstücke à 20 x 20 cm zurecht.

Einstieg

Die Kinder tragen ihren Hut und sammeln sich bei der Laterne. Gemeinsam führen Sie das Fingerspiel (S. 13) durch. Nach diesem Einstieg tanzt die Zwergenfamilie gemeinsam zur Zwergenmusik um die magische Laterne.

Vorübung

Der Pinselzwerg händigt jedem Kind ein quadratisches Blatt aus. Er spricht:

„Wurzel und Purzel wünschen sich ein neues Haus. Es soll zwei Stockwerke haben. Wurzel möchte oben wohnen und Purzel unten. Beide Zwerge wünschen sich zwei Zimmer – eines für tagsüber und ein Schlafzimmer. Überlegt dazu genau, wie das gehen könnte. Ihr dürft keine Werkzeuge verwenden, nur Wurzel und Purzel helfen euch. Zwerge, geht in die Berge!"

Die Kinder falten versuchsweise und benötigen für weitere Versuche evtl. Ersatzpapier.
Die Klangschale erklingt und die Zwerge sammeln sich.

Idealerweise falten die Kinder das Papier 2-mal, sodass das Quadrat in vier kleinere, gleich große Quadrate aufgeteilt wird (zwei Zimmer oben für Wurzel und zwei Zimmer unten für Purzel). Anschließend gestalten sie ein Dach aus rotem Papier.

Gemeinsames Betrachten

Gemeinsam betrachtet die Gruppe die entstandenen Zwergenhäuser. Genau wird geschaut, ob diese der Vorgabe ähneln oder nicht. (Dies schult die visuelle Wahrnehmung). Die Zwerge lassen sich von denjenigen mit der richtigen Lösung ihren Weg

erklären. Zwei Faltmöglichkeiten führen zum richtigen Ziel. Das sind folgende Faltvarianten:

Variante 1:

Variante 2:

Übung

Der Pinselzwerg erklärt die letzte Übung:

„Danke für eure fleißige Arbeit. Purzel und Wurzel sind nun sehr glücklich in ihrem neuen Zuhause. Jetzt brauchen sie nur noch eine Schatulle, um ihre 16 Edelsteine gut zu verstecken und zu verstauen, damit sie nicht offen im Haus herumliegen. Jeder Edelstein braucht seine eigene Kammer in der Schatulle. Könnt ihr mit Purzel und Wurzel eine Schatulle bauen? Probiert es aus. Zwerge, geht in die Berge!“

Jedes Kind erhält vier quadratische Bögen Tonpapier und 16 Steinchen, für die die Schatullen gebaut werden. Ob die Kinder erkennen, dass sie die Vorübung mit den vier Quadraten wiederholen müssen, um so für jedes Steinchen eine Kammer zu bekommen? Es kann hilfreich sein, dass die Kinder die Steinchen zunächst auf dem Papier verteilen, um zu sehen, wie sie die Schatulle gestalten können. Es passen jeweils vier Steinchen auf ein Quadrat. Dann können die Kammern gleich groß gefaltet werden.

Die Kinder kleben die vier Einzelteile mit ein paar Klebestreifen zusammen und kleben Schmucksteinchen auf. Ggf. zählen sie diese. Schlagen Sie die Klangschale an und sammeln Sie so die Kinder zur Schlussrunde.

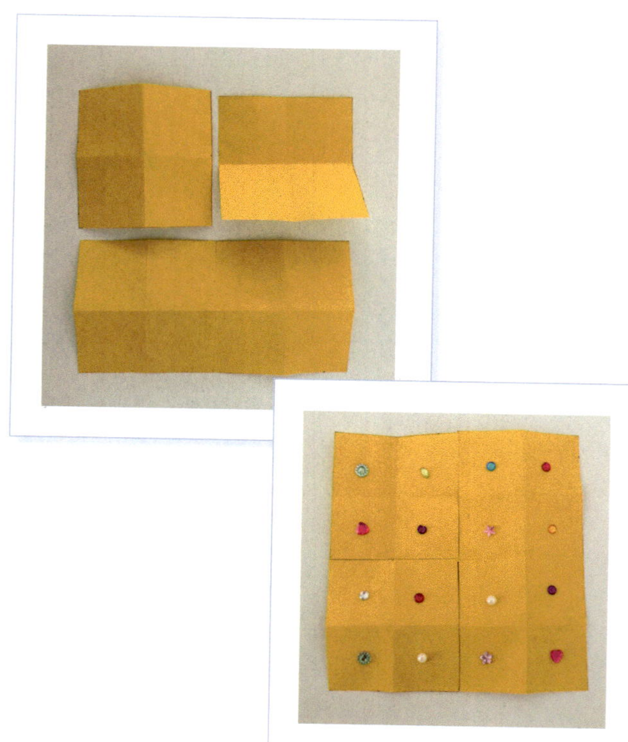

Gemeinsame Schlussrunde

Gemeinsam werden die Schmuckkästchen gewürdigt. Der Pinselzwerg weist darauf hin, dass die Zwerge demnächst wieder aktiv werden. Jedes Kind erhält einen Klebepunkt für seinen Pilz.

Weiterführende Ideen

- **Handtücher zusammenlegen:** Einsicht in die praktische Verwendung der Faltung liefert das Falten von Handtüchern nach demselben Muster. Dies könnte in der Zwergenhöhle als Posten aufgebaut sein.
- **Kleine Bühne:** Wenn Sie ein mit Kreuzfaltung versehenes Papier an einem Falz bis zur Mitte einschneiden und die an den Schnitt angrenzenden Flächen überlappend aneinanderkleben, können Sie daraus eine herrliche Bühne machen. Diese kann mit ausgeschnittenen Bildern beklebt oder auch bemalt werden. Mit etwas Silberpapier und Pailletten entstehen wundervolle Zwergenlandschaften.

3. Lerneinheit

Parallele Falzen

Ziele

Parallele Faltungen kommen in vielen kreativen Gestaltungen vor. Sie werden in dieser Lerneinheit geübt und später für viele schöne Ideen verwendet.

Ablauf

Material

- 1 braunes DIN-A4-Blatt pro Kind
- Kopiervorlage „Riese" (S. 25)
- Klebestift
- Buntstifte
- Gestaltungselemente, z. B. Pailletten, ausgestanzte Formen, Glitter
- Klebepunkte für die Pilze

Vorbereitung

Basteln Sie für die Vorübung einen Schrank aus dem braunen Papier, den Sie als Anschauungsobjekt zeigen können. Dazu legen Sie das braune Papier quer und falten es einmal mittig. Danach klappen Sie es wieder auf und falten beide Seiten zum Mittelfalz. Fertig ist der Schrank.
Fertigen Sie für die Übung vorab ein Beispielbild von dem Riesen an und kopieren Sie die Kopiervorlage „Riese" in Anzahl der Kinder.

Einstieg

Die Kinder tragen den Zwergenhut. Sie folgen dem Ruf des Pinselzwerges in den Sitzkreis.
Spielen Sie mit den Kindern ein Bewegungsspiel. Ein Kind ist der Fänger-Riese. Wer gefangen ist, bleibt versteinert mit gespreizten Beinen stehen. Die noch freien Zwerge erlösen die Versteinerten durch das Durch-die-Beine-Schlüpfen.
Der Pinselzwerg erklärt den Zwergen das Spiel:

„Liebe Zwerge, der böse Riese (ein Fängerkind auswählen) *treibt wieder sein Unwesen. Er ist auf der Jagd nach uns kleinen Zwergen und unserem Schatz. Einige unserer Familie hat er schon geschnappt. Sie stehen wie versteinert da* (Zwerg als Beispiel nehmen, der mit gespreizten Beinen dasteht). *Aber wir können ihnen helfen. Hört gut zu! Wenn wir den magischen Zwergenschlupf* (Durchkrabbeln unter den Beinen andeuten) *machen, so sind sie wieder frei. Auf, meine Zwerge, erlöst unsere Freunde! Zwerge, geht in die Berge!"*

Sie geben das Zeichen für das Ende des Spieles. Nach diesem Einstieg tanzen die kleinen Zwerge gemeinsam zur Musik um die Laterne.

Vorübung

Der Pinselzwerg erklärt die erste Übung:

„Liebe Zwerge, wir müssen mal unser Haus aufräumen. Lasst uns sichere Schränke bauen, damit der böse Riese unseren Zwergenschatz nicht findet. Alle Schränke sollen so aufgebaut sein (Vorlage zeigen). *Wie können wir es schaffen, dass die Schränke so aussehen? Zwerge, geht in die Berge!"*

Die Kinder bekommen je ein braunes Blatt. Gemeinsam überlegen sie, wie man das schaffen kann. Dann versucht jeder Zwerg, selbst richtig zu falten. Wenn die Kinder den Schrank richtig hinbekommen haben, dürfen sie ihn verzieren und mit schönen Zwergensachen oder einem Schatz (Pailletten) füllen (bekleben).

Mit dem Erklingen der Klangschale sammelt der Pinselzwerg die Zwerge im Sitzkreis.

Gemeinsames Betrachten
Die Kinder begutachten ihre Ergebnisse und geben einander Komplimente und Tipps.

Übung
Der Pinselzwerg informiert die Zwerge über die nun bevorstehende Aufgabe, die im Schwierigkeitsgrad höher ist als die Vorübung, weil das Falten etwas komplizierter ist als bei dem Schrank:
„Ihr lieben Zwerge, der böse Riese ist sauer, weil alle versteinerten Zwerge erlöst worden sind. Er schreit so laut, dass man es bei guten Windverhältnissen sogar bei uns hören kann (lauschen). *Ich stelle mir vor, wie der schreiende Riese wohl aussieht. Vielleicht so?“*
(Beispielbilder zeigen)

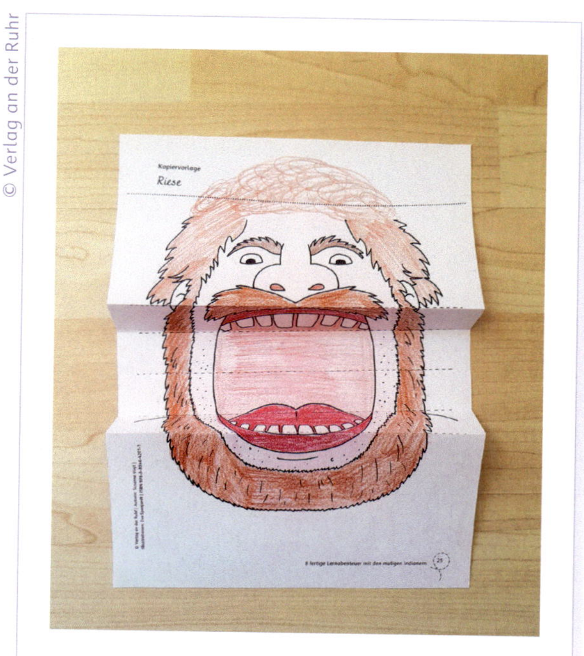

Die Kinder bekommen nun die Kopiervorlage „Riese“ und überlegen gemeinsam, wie man den schreienden Riesen so herstellt, dass er seinen Mund auf- und zumachen kann. Sie merken: Es braucht wieder parallele Faltungen. Gemeinsam werden die Faltungen besprochen. Die Kinder falten ihre Riesen und malen sie aus.

Die Zwergenmusik und das akustische Signal (Klangschale) sammeln die Kinder zur gemeinsamen Schlussrunde.

Gemeinsame Schlussrunde
Die Riesen werden gewürdigt. Der Pinselzwerg weist darauf hin, dass die Zwerge demnächst wieder aktiv werden. Jedes Kind erhält einen Klebepunkt für den Pilz.

Weiterführende Ideen

- **Zwergenschatz:** Aus schwarzem Tonpapier in der Faltung des Schrankes (s. Vorübung), das dann mit Gelstiften in Gold, Weiß, Silber und Pastellfarben bemalt und mit Folien und Tonpapier beklebt wird, entsteht der Zwergenschatz. Eine Idee, die sich auch als Karte gut eignet.

- **Merkspiel „Gefräßiger Riese“:** Dieses Merkspiel greift das Bild der Übung auf und ist angelehnt an das Spiel „Kofferpacken“. Jedes Kind sagt „Der hungrige Riese isst ...“ und nennt den Gegenstand, den die Vorgängerkinder genannt haben, plus einen neuen.

➤ **Zwergengalerie:** Wie das Riesenbild gestalten die Kinder frei ein Bild mit einem hungrigen Zwerg. Vielleicht könnten diese Mund-auf-Bilder dann die Zwergengalerie im Gruppenraum werden? Besonders schön sieht es aus, wenn das Kind sich selbst als Zwerg (evtl. mit Einsatz eines Handspiegels) zeichnet und das Bild dann einen Rahmen aus Goldpapier erhält. Den Zwergenhut können die Kinder nach Belieben falten und aufkleben.

➤ **Schokolade:** In kleinerem Format falten die Kinder aus braunem Papier Schokoladentafeln für die Zwerge, die sie dann auch in den Schrank legen oder an den Riesen verfüttern können. Erkenntnis: Die Schokolade entsteht durch parallele Faltungen und Drehen mit anschließender Parallelfaltung.

➤ **3-D-Haus:** Genau wie die Schokolade wird auch das 3-D-Haus gefaltet. Es müssen allerdings genau 4x4 Quadrate entstehen. Diese schneiden die Kinder dann so ein, wie auf dem Foto zu sehen ist, und kleben die mittleren Teile mit Klebestreifen zusammen.

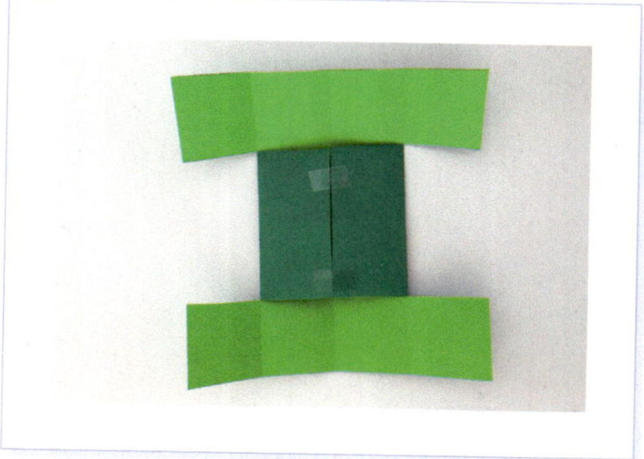

Danach falten sie die obere Hälfte nach unten (s. Position des oberen Fotos) und kleben das Haus zusammen.

Ausgestaltet werden kann das Haus dann mit farbigem Papier, Ausschnitten aus Zeitschriften, gemalten Details und natürlich Aufklebern. Später könnte das Häuschen auch für das Freispiel verwendet werden.

Kopiervorlage

Riese

4. Lerneinheit

Diagonale Faltung

Ziele

In dieser Lerneinheit geht es um die diagonale Faltung. Dies ist eine Faltung, die bei komplexeren Faltgegenständen immer wieder gebraucht wird.

Ablauf

Material

- evtl. bunte Klebepunkte
- Kopiervorlage „Zwergenkopf" (S. 31)
- 2-mal farbiges Papier (20 x 20 cm) pro Kind
- Klebepunkte für die Pilze

Vorbereitung

Kopieren Sie die Kopiervorlage „Zwergenkopf" für jedes Kind auf weißes Papier.
Schneiden Sie ggf. das farbige Papier auf das Format 20 x 20 cm zu.

Einstieg

Mit einem Kreisspiel beginnt die Lerneinheit. Die Kinder tragen wieder ihre Mützen. Falls diese verschiedenfarbig sind, greifen Sie die Farben bitte bei dem Spiel auf. Falls nicht, weisen Sie jedem Kind eine Farbe zu: Gelb, Rot, Blau, Grün. Evtl. sind hier bunte Klebepunkte sinnvoll.

Das Spiel geht wie folgt: Die Kinder sitzen im Kreis. Der Pinselzwerg nennt eine Farbe. Alle Kinder, deren Mütze diese Farbe hat (oder denen diese Farbe zugewiesen wurde), wechseln den Platz. Dann nennt der Pinselzwerg eine andere Farbe. Wieder wechseln die entsprechenden Kinder den Platz. Sagt der Pinselzwerg das Stichwort „Zwergentausch", dürfen alle Kinder den Platz wechseln.

Nach diesem Spiel tanzen die Zwerge gemeinsam zu Zwergenmusik um die Laterne.

Vorübung

Der Pinselzwerg erzählt:

„Unser kleiner Freund Tollpatsch hat seine Mütze verloren. Er ist total unglücklich. Wie kommt er zu einer neuen Mütze?"

Händigen Sie jedem Kind eine Kopiervorlage „Zwergenkopf" aus. Die Kinder dürfen überlegen, wie auf den gezeichneten Kopf eine farbige Mütze aus dem beiliegenden quadratischen Papier kommen könnte. Durch Falten!
Lassen Sie findige Kinder selbst ausprobieren, wie sie zu einer Mütze kommen. Sicher haben die Kinder zumindest die Idee des ersten Faltschrittes, bei dem aus dem Quadrat ein Dreieck entsteht. Besprechen Sie dann gemeinsam mit den Kindern, wie man weiter vorgehen könnte. Bitte verwenden Sie dabei korrekte Bezeichnungen der Flächenformen, nicht einfach Viereck (sondern Quadrat und Rechteck). Die Kinder versuchen jetzt selbst, das Papier zu einer Mütze zu falten. Wenn sie die Mütze fertig haben, können sie sie auf die Kopiervorlagen auf den Zwergenkopf kleben und diesen ausmalen.

Der Klang der Klangschale sammelt die kleinen Zwerge im Sitzkreis.

Gemeinsames Betrachten

Die Kinder tauschen sich über ihre Erfahrungen im Kreis aus. Jeder darf erzählen, wie er die Mütze gefaltet hat.
Zeigen Sie nun die Faltschritte von der Anleitung auf S. 29 und lassen Sie die Kinder auch jeweils solch eine Mütze falten.
Diskutieren Sie dann die Unterschiede zu den Faltungen der Kinder. Wahrscheinlich werden alle als schwierigsten Schritt den letzten vom gekreuzt diagonal gefalteten Blatt zum Dreieck empfunden haben. Weisen Sie darauf hin, wie wichtig dabei sauber geknickte Kanten sind. Denn mit gut gefalteten Kanten entsteht das Dreieck ganz einfach durch Nach-innen-Drücken der Seiten.

Auf das akustische Signal (Klangschale) hin sammeln sich die Kinder zur Übung.

Übung
Der Pinselzwerg informiert die Zwerge über die nun bevorstehende Aufgabe:

„Ihr lieben Zwerge, wir haben für Tollpatsch eine neue Mütze gemacht. Nun kann er wieder mit gutem Kopfschutz vor der Sonne im Garten arbeiten. Ihr wisst, dass der Frühling vor der Tür steht. Die Wiesen machen sich schon bereit für den Frühling und die ersten Blümchen strecken uns schon ihre Köpfe entgegen. Die Sonne wärmt alles auf, damit sich die kleinen Käfer wohlfühlen. Lasst uns sie empfangen!"

Stellen Sie an dieser Stelle den Kindern frei, ob sie eine Blume oder einen Käfer basteln wollen. Die Faltschritte sind dieselben. Die Kinder wählen farbiges Papier aus. Gemeinsam falten Sie die gewünschte Form. Mit den Worten *„Zwerge, geht in die Berge!"*, beginnen Sie die Faltübung. Die dafür nötigen Faltschritte finden Sie auf S. 30.

Gemeinsame Schlussrunde
Die Kinder zeigen ihre Ergebnisse und sammeln Lob und Tipps. Der Pinselzwerg weist darauf hin, dass die kleinen Zwerge demnächst wieder aktiv werden. Jedes Kind erhält einen Klebepunkt für den Pilz.

Weiterführende Ideen

- **Zwergenkarussell:** Aus einem etwas stabileren Tonpapier falten die Kinder ein Karussell. Darauf setzen sie ihren Zwerg (s. a. S. 15) und lassen ihn mit dem Karussell fahren.

Hier werden Ideen gezeigt, die man später allesamt zu einem Gemeinschaftswerk kombinieren kann. Auf diese Weise könnte ein Zwergenland-Bild entstehen, in dem kleine Tiere, kleine Häuser, Windmühlen etc. die Landschaft zieren.

- **Ausgestaltung der Blume oder des Käfers in einem großen Gemeinschaftsbild:** Die Blumen und Käfer können Sie auf einer großen Wiese (grünes Tonpapier) gemeinsam unterbringen und in allen möglichen Varianten ausgestalten.
- **Schmetterling:** Mit derselben Faltung wie bei der Blume oder dem Käfer kann man einen Schmetterling herstellen. Die Flügel werden dazu einfach beliebig weit eingefaltet, dann mit der Schere etwas zurechtgeschnitten (und abgeschnittene Teile evtl. wieder als Flügelverlängerung angeklebt). Danach kann der Schmetterling mit Gelstiften verziert werden. Wenn Sie für den Schmetterling gemustertes Faltpapier benutzen, erscheint der Falter noch wirkungsvoller.

➤ **Windrad:** Aus diagonal gefaltetem Papier entsteht ganz einfach ein Windrad. Sie brauchen dazu eine Musterklammer, die das Drehmoment bildet. Evtl. können Sie das Windrad an einem Rundstab mit etwas Draht befestigen oder Sie fixieren es einfach mit der Musterklammer auf einem Papier.

Hilfslinien diagonal, waagerecht und senkrecht falten

Seiten zur Mittellinie falten

untere Seite zur Mittellinie falten

obere Seite zur Mittellinie falten, wieder auffalten

diagonale Hilfslinien wiederholen …

… zu beiden Seiten und wieder auffalten

untere Seite hochfalten und dabei die Ecken herausziehen

festdrücken, sodass die Ecken nach außen zeigen

dies mit der anderen Seite wiederholen

die rechte obere Spitze nach oben falten

die linke untere Spitze nach unten falten

Musterklammer am Mittelpunkt anbringen

Faltschritte Zwergenmütze

Hilfslinien diagonal, waagerecht und senkrecht falten

von der waagerechten Faltlinie die Enden zusammenbringen

die diagonalen Hilfslinien falten …

… und fest andrücken

Faltschritte Käfer (oder Blume)

Quadrat diagonal falten

noch mal in der Mitte falten

wieder auffalten

rechte Spitze in beliebigem Winkel nach unten falten

linke Spitze im ungefähr gleichen Winkel nach unten falten

als Blume ausgestalten, ggf. Ecken mit der Schere abrunden

oder als Käfer ausgestalten

Kopiervorlage

Zwergenkopf

5. Lerneinheit

Zentrumsfalten

Ziele

Das Falten zum Zentrum ist der Inhalt der Lerneinheit. Es geht darum, eine Faltkante genau anzusteuern und zwei symmetrische Einfaltungen zu erhalten. Dies entdecken die Kinder spielerisch.

Ablauf

Material

- Utensilien für die Vorübung: Paketschnur, Gummiring, Säckchen oder Massageball, Holzbausteine für jede Gruppe
- farbiges Papier im Format DIN A4 oder DIN A3 für jede Gruppe
- Bunt- oder Filzstifte
- 1 farbiges, quadratisches Blatt pro Kind
- Klebepunkte für die Pilze

Vorbereitung

Für den Einstieg werden Mannschaften mit jeweils vier Kindern gebildet. Für jedes Kind brauchen Sie ein Stück Paketschnur von 2 m Länge. Die vier Paketschnüre eines Teams knoten Sie, wie gezeigt, an den Gummiring. Auf den Gummiring wird ein Säckchen oder Massageball gelegt. Bauen Sie für jede Gruppe einen etwas höheren Turm aus Holzbausteinen.

Für die Vorübung braucht jedes Team ein farbiges DIN-A4-Blatt.
Für die Übung benötigt jedes Kind ein farbiges Blatt im Format DIN A4.

Einstieg

Die Kinder tragen ihren Zwergenhut und sammeln sich um die Laterne.
Dort erzählt der Pinselzwerg:

„Meine lieben Zwerge, euer Teamgeist ist gefragt. Gemeinsam sollt ihr mit unserer Abrissmaschine eine störende Mauer im Bergwerk einreißen. Damit die Mauer gut fällt, müsst ihr jeden Stein genau in der Mitte treffen. Probiert es aus. Ich hoffe, ihr schafft es! Zwerge, geht in die Berge!"

Eine lustvolle Teamübung findet statt, bei der jedes Kind eine Schnur in der Hand hält und die Gruppe gemeinsam versucht, mit dem Säckchen oder dem Ball den Bauklotzturm umzuwerfen. Die Kinder sollen sich abstimmen und gemeinsam zu einem Ergebnis gelangen. Der Trick dabei ist, den Gummiring gemeinsam durch Ziehen so weit zu dehnen, dass das Säckchen oder der Ball auf den obersten Klotz fällt und den Turm zu Fall bringt.
Die Klangschale sorgt dafür, dass die Kinder sich sammeln.

Vorübung

Die Zwerge sammeln sich und tauschen sich kurz aus. Nun spricht der Pinselzwerg:

„Ihr habt gut als Teams gearbeitet. Nun erhaltet ihr eine neue Aufgabe: Der Zwerg Tollpatsch, dem wir letztes Mal eine neue Mütze geschenkt haben, wünscht sich eine höhere Mütze. Ihr sollt ihm nun als Team eine neue Mütze falten. Benutzt dazu nur ein farbiges Blatt. Zwerge, geht in die Berge!"

Die Teams bekommen je ein Blatt und gehen an ihre Arbeitsplätze. Diese Übung erzeugt sicher eine kleine Diskussion und erfordert Teamgeist. Lassen Sie die Kinder in Ruhe diskutieren und ausprobieren. Das akustische Signal beendet nach einiger Zeit die Vorübung. Die Kinder sammeln sich.

Gemeinsames Betrachten

Die Kinder tauschen ihre Erkenntnisse im Kreis aus und zeigen evtl. ihre Ergebnisse, wenn sie welche haben. Sie erkennen, dass durch eine Hochkantfaltung des Blattes eine schmalere Zwergenmütze entsteht, durch eine Querfaltung eine breitere. Erarbeiten Sie gemeinsam mit den Kindern, dass die Mütze symmetrisch wird, wenn man das Papier vorher einmal halbiert und dann die Ecken nach unten zur Mittellinie faltet. Bei der Hochkantfaltung wird 2-mal zur Mitte gefaltet. Zuerst die oberen beiden Ecken und dann noch mal die Diagonalen, die bei der ersten Faltung entstanden sind. Die Teams malen ihrer Faltmütze ein Gesicht des Zwerges auf. Dies geht am besten bei der Hochkantfaltung, weil sich dort in der Mitte des Papiers viel Platz bietet. Bei der Querfaltung bleibt nur ein kleiner Streifen am unteren Rand.

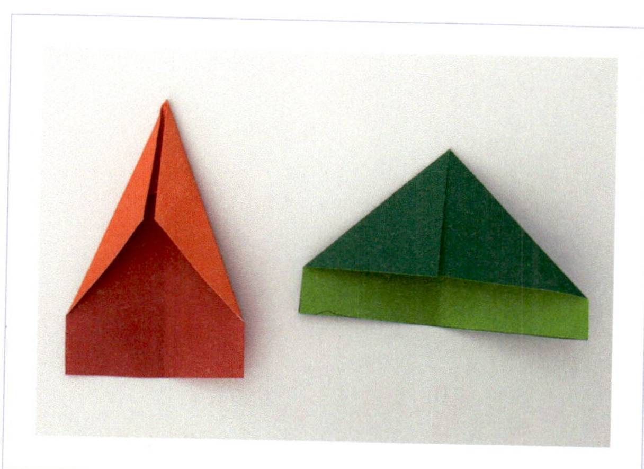

Erarbeiten Sie an dieser Stelle die beschriebenen Faltschritte ganz genau mit der Gruppe. Evtl. gibt es Gruppen, die ihr Papier vorhin schon so gefaltet haben, wie es später bei der Übung kommt. Sprechen Sie dann jedoch erst einmal nur die geforderte Faltung an und weisen Sie darauf hin, dass diese gute Idee gleich noch erwähnt wird.
Ein gemeinsames Fingerspiel (S. 13) lockert die Finger und Hände für die nächste Übung.

Übung

Der Pinselzwerg sagt:

„Tollpatsch freut sich sehr über seinen hohen Hut. Er möchte gemeinsam mit euch einen Drachen steigen lassen."

Machen Sie hier eine Pause. Die Kinder warten jetzt sicher auf einen Lenkdrachen. Nutzen Sie den Verwunderungsmoment zum Weitersprechen. Denn dann ist die Aufmerksamkeit groß.
Sagen Sie den Kindern jetzt, dass jeder Zwerg seinen eigenen Drachen herstellt. Zeigen Sie dazu das quadratische, farbige Papier.

„Wisst ihr, wie wir aus diesem Papier einen Drachen erhalten?"

Besprechen Sie die Frage gemeinsam. Dies zeigt, ob die Kinder das Wissen aus der Vorübung auf den Drachen transferieren können. *„Zwerge, geht in die Berge!"* heißt es nun und jedes Kind faltet seinen eigenen Drachen.

Gemeinsame Schlussrunde

Die Kinder zeigen ihre Ergebnisse und sammeln Lob und Tipps. Der Pinselzwerg weist darauf hin, dass die kleinen Zwerge bald wieder aktiv werden. Jedes Kind erhält einen Klebepunkt für den Pilz.

Weiterführende Ideen

- **Drachen verzieren:** Die Kinder machen ihrem Drachen nun einen Schweif. Vielleicht stellen sie ja fest, dass man aus zwei Mini-Faltdrachen auch eine Schleife für den Drachenschweif herstellen kann?

- **Zwerg mit Bart:** Ein farbiger, quadratischer Bogen Tonkarton wird wie der Drachen gefaltet. Der obere, enge spitze Teil ist der Zwergenhut und der untere, breite spitze Teil wird das Zwergengesicht. Auf dem unteren Teil wird das Gesicht ausgestaltet. Jedes Kind macht einen grauen oder weißen Handabdruck mit Fingerfarbe und schneidet diesen nach dem Trocknen aus. Die Handabdrücke werden angeklebt und bilden den Bart des Zwerges. Diese Zwergenköpfe eignen sich gut für ein Plakat an der Eingangstür.

- **Quadratischer Briefumschlag:** Einen ganz einfachen, mit einem Klebepunkt verschlossenen Briefumschlag können Sie, wie auf dem Foto zu sehen ist, falten.

- **Länglicher Briefumschlag:** Der längliche Briefumschlag ist etwas schwieriger zu falten als der quadratische. Aber er eignet sich ebenfalls sehr gut zum Post-Spielen. **Achtung:** An den Seiten ist er offen.

6. Lerneinheit

Leporello

Ziele

Die Kinder falten ein Leporello und entdecken auf spielerische Weise, wie vielfältig diese Faltung eingesetzt werden kann.

Ablauf

Material

- ✔ Malerkrepp-Rolle
- ✔ farbiges DIN-A4-Papier
- ✔ farbiges Tonpapier in verschiedenen Größen für den Gartenzaun ca. 60 x 10 cm
- ✔ grünes Tonapapier
- ✔ Schaschlikstäbchen
- ✔ alte Zeitschriften o. Ä.
- ✔ Schere
- ✔ Klebestift
- ✔ Klebepunkte für die Pilze

Vorbereitung

Für das Geschicklichkeitsspiel des Einstiegs sollten Sie ca. 3 cm breite Malerkrepp-Streifen kreuz und quer und in verschiedenen Höhen im Raum bzw. in einem Teil des Raumes spannen. Sie befestigen diese ganz einfach an Wand, Möbeln und/oder Stühlen, indem Sie sie leicht andrücken. Der ganze Raum ähnelt dann einem mit Laserstrahlen gesicherten Museum.
Falten Sie einen Fächer für die Vorübung. Dazu falten Sie das Papier in Leporellofaltung und halten es an einer Seite zusammen. Die andere Seite wird weit aufgefächert.
Basteln Sie die Elemente der Übung, die Sie Ihren Kindern zum Basteln anbieten möchten, bereits vor. Das erleichtert den Kindern die Vorstellung und regt gleichzeitig die Fantasie an.

Einstieg

Die Kinder tragen ihren Zwergenhut und sammeln sich um die Laterne.
Dort erzählt der Pinselzwerg:

„Ihr lieben Zwerge, ein geheimer Alarm wurde ausgelöst. Irgendetwas muss an unserem Haus passiert sein. Das Alarmglöckchen hat geklingelt. Ich möchte mit euch nachsehen, was den Alarm ausgelöst hat. Aber wir müssen vorsichtig sein. Denn der Riese hat den ganzen Weg um unser Haus mit unsichtbaren Fäden bespannt. Achtet genau darauf, dass ihr diese Zauberfäden des Riesen nicht berührt, sondern schlüpft hindurch. Denn wenn ihr die Zauberfäden berührt, bleibt ihr kleben und könnt euch nicht mehr bewegen."

Die Kinder bewegen sich durch den Raum. Sie kriechen durch oder klettern über die im ganzen Raum verteilten Bänder – möglichst ohne diese zu berühren. Denn wenn sie an der leicht klebrigen Seite des Malerkrepps haften bleiben und der Zauberfaden reißt, müssen sie in der Position bleiben und dürfen sich nicht mehr bewegen. Das ist ein ganz einfacher, aber sehr motivierender Bewegungsspaß für die Kinder. Wer möchte, kann zusätzlich noch Spielpilze auslegen, die die Kinder dann sammeln dürfen. Sobald die Kinder die Klangschale hören, sammeln sie sich.

Vorübung

Ein kurzer Austausch über die Erfahrungen während des Einstiegs findet statt. Der Pinselzwerg sagt:

„Puh, das war ganz schön anstrengend, die Hindernisse zu überwinden, ohne sie zu berühren. Nun ist mir heiß und ich brauche eine Abkühlung. Ich habe mir einen Fächer gebastelt, um mir frische Luft zuzufächeln. (Fächer in Leporellofaltung zeigen) *Ihr braucht bestimmt auch frische Luft. Hier habt ihr Papier. Versucht, euch auch so einen Fächer zu falten. Zwerge, geht in die Berge!"*

Jedes Kind versucht nun, aus einem DIN-A4-Blatt einen Fächer zu falten.
Die Kinder sammeln sich, wenn sie die Klangschale hören.

Gemeinsames Betrachten

Der Pinselzwerg begutachtet die verschiedenen Fächer, lässt sich von den Kindern Luft zufächeln und lobt die geschickten Zwerge. Die Kinder tauschen sich im Kreis darüber aus, was sie neu gelernt haben. Sie erkennen, dass die Leporellofaltung sehr viele Möglichkeiten der Gestaltung bietet.

Übung

„Liebe Zwerge, ihr habt bewiesen, dass ihr sehr gute Tüftler seid. Seht euch das an! Der Riese hat unseren Garten verwüstet. Deshalb hat das Alarmglöckchen geklingelt. Nun müssen wir den Garten neu anlegen. Das wird viel Arbeit! Der Zaun muss neu gebaut werden (Zaun zeigen), *eine Wiese muss gepflanzt werden* (Wiese zeigen), *die Bäume und Sträucher müssen gepflanzt und geschnitten werden* (Leporellobaum zeigen). *Denn bei uns sollen sich alle Bewohner wohlfühlen."*

Zeigen Sie den Kindern verschiedene Dinge, die man mit der Leporellofaltung herstellen kann. Für den Gartenzaun soll jedes Kind einen Teil basteln. Die einzelnen Teile werden dann zu einem großen Zaun zusammengeklebt. Die Bastelschritte für den Zaun finden Sie auf S. 37.

Nach dem Ruf *„Zwerge, geht in die Berge!"* gestaltet nun jedes Kind ein Zaunteil und ein Gartenelement, das es sich ausgesucht hat. Diese werden später zu einem kleinen Zwergengarten kombiniert, der von einem langen Zaun umgeben ist, damit der Riese nicht wieder dort eindringen kann.

Gemeinsame Schlussrunde

Die Kinder bringen ihre gestalteten Werke mit und sammeln Lob und Tipps. Der Pinselzwerg weist darauf hin, dass die kleinen Zwerge bald wieder aktiv werden. Jedes Kind erhält einen Klebepunkt für den Pilz.

Weiterführende Ideen

- **Lange Beine für den Riesen:** Aus einem Pappteller entsteht der Körper eines Riesen. Die Kinder bemalen und gestalten die obere Hälfte des Tellers als Kopf (Wackelaugen, evtl. Wolle als Haare) und die untere als Rumpf. Die langen Beine und Arme dazu werden durch Leporello-Bänder hergestellt und an den Pappteller geklebt oder geheftet.
- **Leporellobuch:** Zum Sammeln schöner Ergebnisse kann aus etwas festerem Papier auch ein Buch entstehen. Das Titelbild des Buches könnte aus Karton sein, der mit Papier beklebt und ausgestaltet ist.

Faltschritte Gartenzaun

Papier (ca. 60 x 10 cm) einmal in der Mitte falten und dann die rechte Seite zur Mittelfaltlinie falten

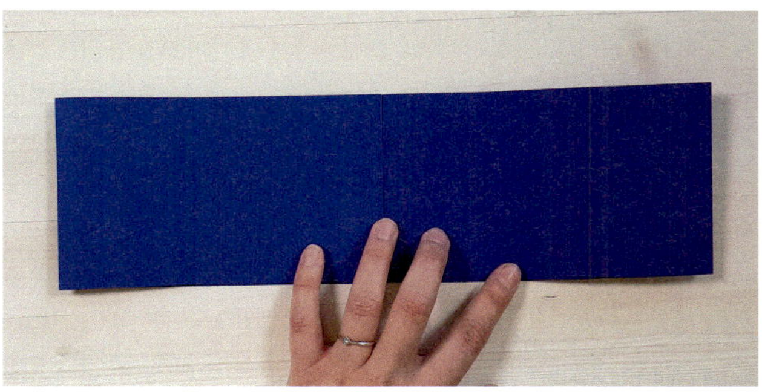

das Gleiche mit der linken Seite machen

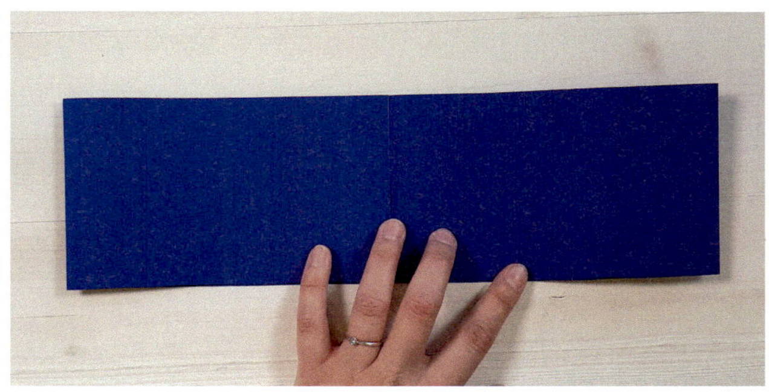

jetzt die Seiten an der Mittelfaltlinie nach hinten falten, sodass sich ein Leporello ergibt

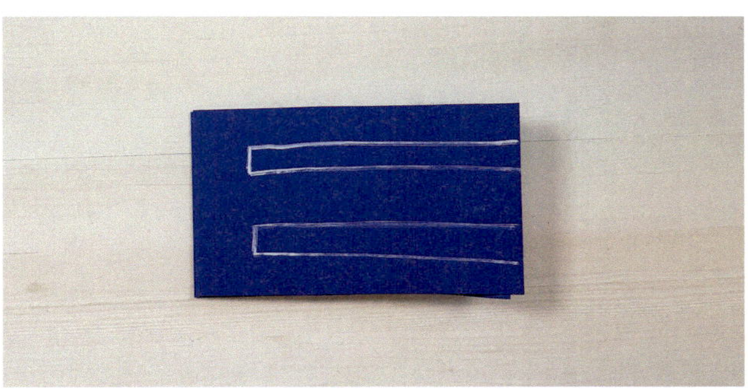

Linien zum Ausschneiden aufmalen

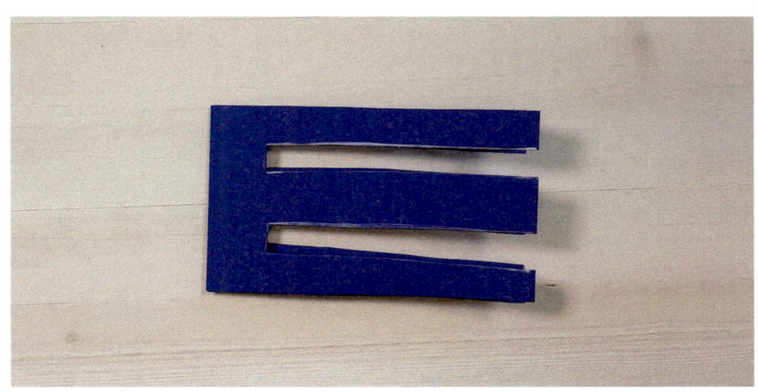

Teile ausschneiden

alles wieder auffalten und fertig ist der Zaun

7. Lerneinheit

Hexentreppe

Ziele

Die Kinder lernen in dieser Lerneinheit das Falten einer Hexentreppe. Mit dieser Faltung, die oft für einen 3-D-Effekt sorgt, dürfen sie danach eine Vielzahl von Gestaltungsideen ausprobieren.

Ablauf

Material
- 2 braune Papierstreifen (je 30 x 3 cm) pro 2er-Team
- Kopiervorlage „Zwergenhöhle" (S. 41)
- pro Kind 4 farbige Streifen Papier (je 30 x 3 cm)
- Klebestifte
- Tonpapierreste
- Schere
- Farbstifte
- etwas dünner Basteldraht
- kleine Bastelperlen mit Loch
- transparenter Klebstreifen
- ggf. Laternenstäbe
- Klebepunkte für die Pilze

Vorbereitung
Für den Einstieg kopieren Sie bitte die Kopiervorlage „Zwergenhöhle" für jeweils zwei Kinder.
Zum Demonstrieren der Leiter für die Vorübung basteln Sie eine Hexentreppe vor. Gern darf diese auch recht groß sein.
Basteln Sie ein Glühwürmchen als Anschauungsmodell. Die Anleitung ist auf S. 39.

Einstieg
Damit die Kinder sich als kleine Zwerge fühlen, legen sie die Zwergenmützen an. Die kleinen Zwerge sammeln sich um die Laterne.
Als Einstieg können Sie mit den kleinen Zwergen einen Zwergenmarsch durchführen. Laufen Sie als Anführer voran und deuten Sie einen schweren Sack auf Ihrem Rücken an. Stimmen Sie das Zwergenlied von S. 11 an. Nach dem Singen sagen Sie beispielsweise Folgendes:

„Zwerge, die Arbeit im Bergwerk war hart. Wir haben uns den Feierabend redlich verdient! Folgt mir nach Hause!"

Die Kinder folgen mit stapfenden Schritten dem Pinselzwerg. Dieser wird mal schneller, mal langsamer und deutet mit schauspielerischem Talent Hindernisse (darübersteigen), Engen in der Höhle (seitlich mit Nachstellschritt laufen), Berge (langsamer und schneller mit unterschiedlicher Schrittlänge laufen) an und sagt:

„Gleich haben wir unser Dorf erreicht (plötzlich stehen bleiben).
„Was ist denn hier passiert? Schaut euch das an! (ins Unsichtbare deuten) *Unsere geheime Zwergenleiter zu unserem Dorf ist kaputt. Wir müssen sie reparieren. Könnt ihr mir helfen?"*

Der Pinselzwerg teilt die Kinder in 2er-Teams ein, händigt jedem Team eine Kopie und zwei Papierstreifen aus.

„Habt ihr eine Idee, wie man mit diesem Baumaterial unsere alte Zwergenleiter wiederherstellen kann?"

Die Kinder probieren wahrscheinlich aus, wie eine Leiter aussehen könnte. Die Kinder zeichnen vielleicht in der Kopiervorlage oder legen das Papier darauf. Viele werden eine Lösung durch Zeichnen finden. Das ist durchaus erlaubt!
Der Klang der Klangschale beendet den Einstieg. Die Kinder sammeln sich.

7. Lerneinheit

Hexentreppe

Vorübung
Betrachten Sie die Lösungen vom Einstieg zuerst kurz gemeinsam. Dann spricht der Pinselzwerg weiter:

„Ihr lieben Zwerge, eure Treppen sind toll geworden. Ich habe auch eine Idee. Und zwar eine Treppe, die nie wieder kaputtgehen kann. Diese Leiter ist eine Zauber-Zwergenleiter. Sie ist stabil, biegbar und hält sogar einem Berggewitter stand. Ich zeige sie euch."

Zeigen Sie nun, wie die Zwerge eine Hexenleiter herstellen können. Deuten Sie dazu mit der einen Hand Zwerg Purzel und mit der anderen Wurzel an.

Händigen Sie nach der Demonstration jedem Kind zwei Papierstreifen und einen Klebestift aus. Die Kinder probieren sich selbst an einer Hexenleiter. Kinder mit langsamerer Auffassungsgabe können Sie individuell begleiten. Der Spruch „Hau drauf" könnte immer versinnbildlichen, dass die Zwerge Werkzeuge zum Hämmern benötigen. Bei „Hau" wird der Papierstreifen über den anderen gelegt und bei „drauf" wird der Falz festgedrückt.
Das Anschlagen der Klangschale beendet die Vorübung. Die Kinder sammeln sich.

Gemeinsames Betrachten
Gemeinsam betrachten die Kinder ihre Ergebnisse. Sie überlegen, wie die Zwergentreppe besonders gut gelingt. Sie berichten einander.
Die Zwergenmusik ertönt und die Zwerge bewegen sich rhythmisch um die Laterne.

Übung
Nach Musikstopp erzählt der Pinselzwerg von der Aufgabe:

„Liebe Zwerge, die Treppe haben wir jetzt repariert. Damit es in unserer Höhle nie wieder dunkel ist, haben sich die Glühwürmchen angeboten, unser Bergwerk zu erhellen. Dank ihrer Hilfe haben wir dann beim Klettern und Tragen immer die Hände frei und es ist unten schön hell. Heißt die Glühwürmchen gemeinsam mit mir herzlich willkommen!" (fertiges Glühwürmchen zeigen).

Wiederholen Sie gemeinsam mit den Kindern, wie die Hexentreppen-Faltung funktioniert.
Die Mädchen und Jungen gestalten jetzt ihr individuelles Glühwürmchen – evtl. mit Ihrer Unterstützung. Das geht so:

- Hexentreppe falten
- Kopf ausschneiden und gestalten
- Kopf mit Klebestift ankleben
- Perlen an Basteldraht auffädeln und als Beine mit Klebeband am Glühwürmchen befestigen (Beim Umgang mit Basteldraht sollten Sie besonders vorsichtig sein und den Kindern Hilfestellungen geben.)
- Holzperlen als Fühler auffädeln und am Kopf befestigen
- Flügel ausschneiden und seitlich ankleben

Um die Glühwürmchen zum Einsatz zu bringen, können Sie sie an Laternenstäben am kleinen Lämpchen anbringen. So erleuchten sie die Zwergenhöhle. Der Klang der Klangschale sammelt die Kinder zur Schlussrunde.

Gemeinsame Schlussrunde
Die entstandenen Ergebnisse werden gewürdigt, evtl. Probleme besprochen. Der Pinselzwerg weist darauf hin, dass die Zwerge bald wieder aktiv werden. Jedes Kind erhält einen Klebepunkt, den es auf den Fliegenpilz kleben darf.

Weiterführende Ideen

- **Ziehharmonika:** Aus zwei ca. 8 cm breiten und 60 cm langen Tonpapierstreifen faltet das Kind zunächst eine Hexentreppe. An diese tackert es rechts und links gebastelte Halterungen aus Papier fest. Fertig ist das Zwergeninstrument, eine Ziehharmonika.

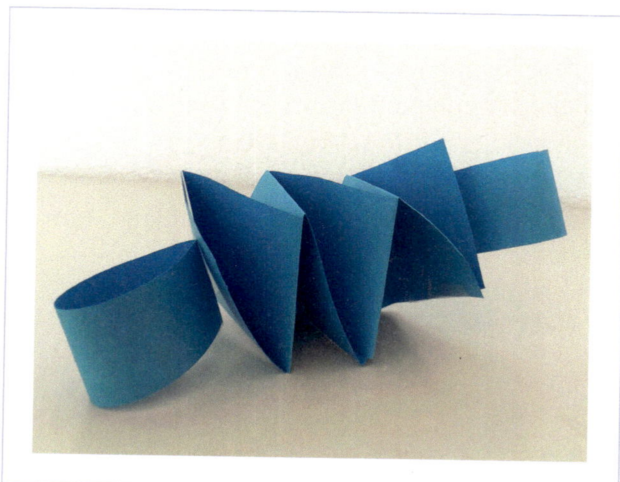

- **Ballonzwerg mit Schlenkerbeinen:** Die Kinder blasen mithilfe einer Ballonpumpe einen Ballon auf und zeichnen vorsichtig ein Gesicht darauf. Aus acht Papierstreifen falten sie je zwei Arme und Beine, gestalten diese mit Papierresten aus und verzieren ihren Schlenkerzwerg nach Belieben.
- **Zwergenhöhlen-Drache:** Der Wächter des Zwergenbergwerkes, ein Drache, kann durch Falten einer Ziehharmonika entstehen. Diese wird mit Klebstreifen an zwei Schaschlikstäben befestigt. Der Schwanz und der Kopf des Drachen werden ausgestaltet und mit Bastelkleber fixiert. Mit diesem Drachen können Sie auch kleine Schauspielszenen nachspielen.

- **Abstandhalter:** Ziehharmonikas sind generell als Abstandhalter geeignet. Wenn man z. B. eine Karte herstellt, bei der einige Elemente weiter hervorstehen sollen, kann man eine Ziehharmonika dahinterkleben. Das verleiht Karten, aber auch kleinen Bühnen immer das gewisse Etwas und sorgt für die nötige Tiefenwirkung.
- **Springendes Zwergengeschenk:** Eine alte und bekannte Idee ist eine Box, bei der dem Beschenkten beim Öffnen ein kleines Präsent förmlich entgegenspringt. Dies können auch die Kinder herstellen, indem sie einen kleinen Karton mit Geschenkpapierresten bekleben. Sie falten dann aus stabilem Tonkarton eine lange Hexentreppe und gestalten ein Bild aus, das als Geschenk an das eine Ende der Hexentreppe geklebt wird. Die Hexentreppe fixieren sie dann unten auf dem Boden der Geschenkbox und schließen den Deckel.

Zwergenhöhle

8. Lerneinheit

Pop-up-Falten

Ziele

Die Kinder entdecken die Pop-up-Faltung und die vielfältigen Möglichkeiten, die diese ihnen bietet.

Ablauf

Material

- ✔ 2 farbige Faltkarten pro Kind
- ✔ 1 Schere pro Kind
- ✔ Klebestifte
- ✔ buntes Tonpapier
- ✔ Farbstifte
- ✔ evtl. Mini-Geburtstagskerze
- ✔ evtl. Tortenspitze
- ✔ Klebepunkte für die Pilze

Vorbereitung

Gestalten Sie für die Vorübung eine Pilz-pop-up-Karte vor. Wie das funktioniert, entnehmen Sie bitte der Anleitung auf S. 44.

Einstieg

Die Kinder tragen ihren Zwergenhut und sammeln sich um die Laterne.
Dort leitet der Pinselzwerg die nun stattfindende Pop-up-Reizwort-Bewegungsübung mit folgenden Worten ein:

„Meine lieben Zwerge, unser Zauberwald heißt nicht umsonst so. Hier passieren seltsame Dinge. Ich lese euch nun eine Geschichte vor. Immer wenn das Wort „Zwerg“ oder die Namen der Zwerge Zipfel und Tollpatsch ertönen, hüpfen alle Zwerge in die Luft (hochhüpfen). *Hört man das Wort „Pilz“ oder die Namen der Pilze Champignons, Pfifferlinge und Morcheln, so drehen sich alle Zwerge wie von Geisterhand um die eigene Achse* (sich drehen).“

Die Reizwortgeschichte lautet:
Zipfel und Tollpatsch sind im Wald spazieren. Sie suchen nach Pilzen für das Mittagessen der Zwerge. Die anderen Zwerge sind noch im Bergwerk an der Arbeit. Aber sie freuen sich schon. Denn Pilze sind ihr Leibgericht. Champignons, Pfifferlinge und Morcheln sind die liebsten Pilze der Zwerge. Zipfel und Tollpatsch haben schon viele Pilze in ihren Korb geladen, als sie plötzlich einen Pilz sehen, der die beiden kleinen Zwerge stutzig macht. Was kann das nur sein?

Vorübung

Zeigen sie jetzt die vorbereitete Pop-up-Karte. Die Kinder betrachten sie und versuchen, das Geheimnis des „Aufpoppens“ zu entschlüsseln. Reden Sie mit den Kindern darüber, um welchen Pilz es sich handelt und warum die Zwerge der Geschichte diesen nicht einsammeln dürfen.

Geben Sie jedem Kind eine Faltkarte und eine Schere. Leiten Sie die Herstellung eines Pop-up-Mechanismus schrittweise an (Anleitung S. 44). Die Kinder können Elemente ihrer Wahl aus Tonpapier basteln und auf den Pop-up-Teil der Karte aufkleben. Sie müssen nicht unbedingt einen Pilz gestalten.

Gemeinsames Betrachten

Die Kinder stellen den anderen ihre Karten vor und tauschen sich im Kreis darüber aus, wie die Pop-up-Faltung funktioniert, was gut lief und wo es evtl. Probleme gab.

Übung

Der Pinselzwerg erklärt die Übung:

„Ihr lieben Zwerge, bald habe ich Geburtstag. Und nichts würde mir mehr Freude machen, als von euch viele bunte Zaubertorten zu erhalten. Könnt ihr mir diesen Wunsch erfüllen? Zwerge, geht in die Berge!“

Nun folgt eine Übung in zwei Schwierigkeitsgraden. Kinder mit motorischen Schwierigkeiten stellen an diesem Punkt eine Pop-up-Karte nach dem eben erlernten Prinzip her. Statt des selbst gewählten Elements kleben sie eine farbig gestaltete Torte auf.

Kinder, die schon geschickter sind, stellen mit Ihrer Hilfe eine Karte mit einer mehrstöckigen Torte her. Die Anleitung dazu finden Sie auf S. 44.

Durch das Anschlagen der Klangschale sammeln sich die Kinder danach zur Schlussrunde.

Gemeinsame Schlussrunde

Die Kinder bringen ihre gestalteten Torten mit und zeigen sie den anderen. Sie geben sich gegenseitig Lob und Tipps. Danach singen alle zusammen ein Geburtstagslied für den Pinselzwerg und überreichen ihm die Torten. Der Pinselzwerg bewahrt sie auf und kann daraus eine Ausstellung in der Kita aufbauen.

Danach bekommen die Zwerge die letzten Klebepunkte für ihre Pilze.

Weiterführende Ideen

- **Zwergenbühne:** Aus Papierresten und einer Faltkarte entsteht eine kleine Zwergenbühne, in der verschiedene, unterschiedlich lange Pop-up-Mechanismen, wie von der Vorübung, nebeneinander versteckt sind. Zur Ausgestaltung können die Kinder neben Papier Glimmer, Gelstifte und Bilder aus Zeitschriften nutzen.
- **Geschenke für den Zwerg:** Genau wie die schwierigere Variante der Übung funktioniert es, einen Haufen von Geschenken darzustellen. Statt die einzelnen Ebenen als Tortenboden auszugestalten, bekleben die Kinder jede Ebene mit gebastelten Geschenken. Diese Idee ist auch als Weihnachts- oder Geburtstagskarte verwendbar.
- **Pop-up-Zwerg:** Bei dieser Idee wird die Karte nicht eingeschnitten. Der Zwerg steht beim Aufklappen auf. Bekleben Sie den Hintergrund mit Zwergenmotiven, wie Bergwerk, Pilzen, Waldlandschaft, oder bemalen Sie ihn. Schneiden Sie aus etwas festerem Tonpapier den Zwerg aus. Bemalen oder bekleben Sie ihn – etwas Kunstfell sieht als Bart toll aus! Lassen Sie alles trocknen. Gestalten Sie auch die Rückseite des Zwerges. Falten Sie jetzt den Zwerg senkrecht in der Mitte. Falten Sie eine etwa 1 cm breite Klebelasche unten am Zwerg nach oben, öffnen Sie diese wieder. Schneiden Sie einen Spalt weg. Stellen Sie den Zwerg so auf die Faltkarte, dass die Faltung des Zwerges und die der Karte direkt übereinander sind. Kleben Sie die Lasche auf der Zwerg-Vorderseite mit Klebestift oder -band auf. Nach dem Trocknen wird Ihnen immer, wenn die Karte geöffnet ist, ein fröhlicher Zwerg entgegenspringen.

Faltschritte Pop-up-Karte

	an der Faltkarte am unteren Teil des Falzes 2-mal parallel einschneiden und den eingeschnittenen Teil nach vorn falten		Blatt auffalten und den eingeschnittenen Teil nach innen falten
	Deko auf das Pop-up-Element kleben		fertig ist die Pop-up-Karte

Faltschritte Pop-up-Torte

	an der Faltkarte vom Falz aus drei Linien zum Einschneiden einzeichnen		Linien einschneiden und nach oben falten, die Einschnitte sollten unterschiedlich lang sein, unten ist der größte Einschnitt, oben der kleinste
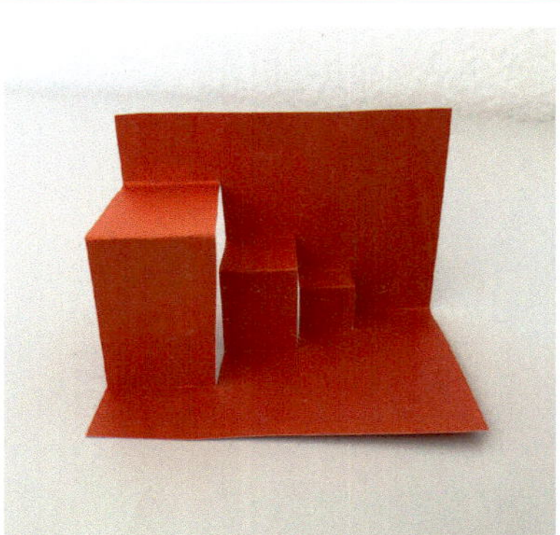	Karte aufklappen und Einschnitte entgegen der ursprünglichen Faltrichtung nach innen falten		Torte ausgestalten, fertig

Abschluss des Zwergenprojektes

Zwergengold

Wie auf S. 9 bereits beschrieben, tauschen die Kinder am Ende des Projektes ihren Fliegenpilz gegen einen Klumpen Zwergengold ein.

Faltexamen mit Servietten

Als Abschluss des Projektes können Sie die Kinder nun ihre erworbenen Fähigkeiten an einer Serviette unter Beweis stellen lassen. Suchen Sie sich dafür ein ganz einfaches Motiv aus. Zeigen Sie die Faltschritte jedem Zwerg einzeln. Vielleicht wird die Serviette ja für ein kleines Abschluss-Zwergenfest gebraucht?

Faltkarte

Vielleicht machen Sie ein Zwergenfest zum Abschluss und benötigen eine Idee für eine Einladung. Hier ist sie! Falten Sie eine einfache oder eine Pop-up-Karte mit dem Motiv, dass Sie oder die Kinder aussuchen. Verzieren Sie die Vorderseite mit Zwergen, die sich z. B. in einem geblasenen Baum (Wasserfarbe mit Trinkhalm verblasen) verstecken.

Zwergenmütze oder Tanne

In einfachen Faltschritten entsteht eine Zwergenmütze. Wenn man mehrere davon faltet und ineinandersteckt, kann auch eine Tanne entstehen. Die Faltschritte finden Sie auf S. 17.

Zwergenlesezeichen

Als kleines Geschenk eignet sich das Faltlesezeichen. Es kann in zwei unterschiedlich schweren Varianten hergestellt werden. Die Faltschritte dazu finden Sie auf S. 47. Gestalten können die Kinder das Lesezeichen mit Tortenspitze, Wackelaugen, Perlen und Tonpapierresten.

Abschluss des Zwergenprojektes

Zwerg falten

Aus einem weißen und einem farbigen Quadrat entstehen wundervolle, kleine Zwerge. Kleben Sie einfach die beiden Papiere aufeinander, sodass das Papier aussieht, als sei es auf einer Seite weiß und auf der anderen farbig. Befolgen Sie dann die Faltschritte von S. 48.

Zwergenspielplatz

Aus einigen Elementen, die am Ende der einzelnen Lerneinheiten entstanden sind, können Sie wundervolle Spielbretter herstellen. Kombinieren Sie z. B. das 3-D-Haus (Lerneinheit 3), den Gartenzaun (Lerneinheit 6), die Tanne (Lerneinheit 6), den Blumengarten (Lerneinheit 6) oder weitere Elemente zu einem großen Spielbrett. Händigen Sie den Kindern zum Spielen einfach Weinkorken aus. Damit erleben sie ganz viel Freude. Alternativ zum Weinkorken können die Kinder auch mit dem Faltzwerg von dieser Seite spielen.

Falten nach Plakat

Auch ganz kleine Kinder können schon Anleitungen „lesen" und diese umsetzen. Probieren Sie es doch auch einmal aus! Suchen Sie sich eine ganz einfache Faltarbeit aus. Falten Sie die einzelnen Faltschritte vor und kleben Sie diese auf ein Plakat. Die Kinder erhalten das passende Papier und dürfen selbst versuchen, zum richtigen Ergebnis zu kommen.

Faltschritte Lesezeichen

farbiges Faltpapier in quadratischer Form

einmal mittig falten, sodass ein Dreieck entsteht

rechte Ecke nach oben zur Spitze falten

linke Ecke nach oben zur Spitze falten

Ecken wieder auffalten

jetzt die obere Spitze nach unten zum Falz falten

rechte Ecke in die Öffnung legen die beim vorigen Schritt entstanden ist, sodass die Spitze an der nach unten gefalteten Dreiecksspitze liegt

das Gleiche noch mal mit der linken Ecke durchführen, anschließend ausgestalten

Abschluss des Zwergenprojektes

Faltschritte Faltzwerg

quadratisches Papier diagonal falten, sodass ein Kreuz in der Mitte entsteht

zwei gegenüberliegende Ecken zum Mittelfalz falten, sodass die Drachenform entsteht

die untere Spitze zur oberen falten

umdrehen

nun die obere Spitze zum unteren Falz falten

vom neuen oberen Falz einen ca. 1 cm breiten Streifen herunterfalten

rechte Ecke nach hinten falten

linke Ecke nach hinten falten

Zwergengesicht gestalten und evtl. die obere Spitze nach links falten